GALLETAS CHINAS

Antonio Skármeta • Emilio Urberuaga

SerreS

Si ustedes no saben que la mayoría de los panaderos en Chile son mapuches, no importa.

Tampoco los chilenos lo saben.

Yo no soy panadero. Apenas Inspector de Sanidad y cliente de la panadería "La mariposa Blanca".

Allí trabajan Pedro Collihuinca, natural de Lebu, al sur de Chile, su esposa Alfreda Salas, y el hijo de ambos, de sólo ocho años, Daniel Collihuinca Salas.

Este último es el personaje central de mi cuento. Mejor dicho, de mi informe, porque yo no soy nadie para intentar robarle una pluma a la literatura.

El niño Collihuinca va de lunes a viernes a la escuela primaria, según obliga en Chile el Ministerio de Educación, y los sábados y domingos se levanta de madrugada y ayuda a sus padres en la confección del pan.

Amasa la harina con entusiasmo, y aunque mis lectores más puristas condenan el trabajo infantil, les pido en este caso comprensión porque los padres Collihuinca no obligan a su hijo a trabajar, sino que satisfacen un profundo anhelo del niño.

Daniel es hábil en la elaboración de toda clase de panes y un gran experto en la terminación de marraquetas, el pan más popular de mi país, que algunos chilenos optimistas comparan con la baguette francesa.

La familia Collihuinca lleva dos años en la panadería
y Jorge Flores Venegas, su propietario, de origen
andaluz, cerca de Año Nuevo les comunica que
las ventas han subido un treinta por ciento en
diciembre, y que para celebrar este récord, invitará
a los tres Collihuinca y a la cajera Rocío Villegas, a
cenar a un restaurante de la Plaza Brasil llamado
"Los Chinos Pobres".

Para la ocasión, el matrimonio mapuche viste sus
modestas galas domingueras, y anudan en la blanca
camisa del joven Collihuinca una vistosa corbata
azul con lunares verdes.

De buen ánimo, todos suben a la camioneta del propietario: la cajera Villegas y doña Alfreda Salas en la cabina, mientras que el panadero y el jovencito viajan en la parte descubierta, con las piernas extendidas, agradecidos de la brisa nocturna, y ávidos por descubrir aerolitos cruzando el cielo.

El dueño de la panadería ejerce magnánimo su papel de anfitrión y le explica a sus invitados mapuches —quienes por primera vez van a un restaurante chino— que lo usual es que cada uno pida un plato y lo comparta con los otros.

—Todos picotean de todo y con todos —aclara.

Se pide costillar cantonés, pato cinco sabores, bistec mongoliano, corvina fuyón, shopsui de verduras y camarones arrebozados.

La abundancia, el ritual chino, la aventura de usar palitos en vez de tenedores, aumenta la alegría del grupo, y devoran los platos con avidez e impericia.

Debajo de un sonriente Buda de metal, Daniel Collihuinca entiende muy bien el discurso del propietario que agradece al personal el tesón con que han trabajado y suma su sonrisa a la de sus padres cuando el dueño les regala una imagen *ad hoc*: "ustedes son la levadura del negocio".

De postre llegan gigantescas copas de vidrio rellenas con helado, crema, macedonia de frutas, todo dispuesto con un baño de chocolate caliente.

Y a la hora del café, o del té jazmín, se le reparte a cada comensal un dulce envuelto en celofán, junto con las instrucciones de que deben partir su masa crujiente, y sacar de ella un papelito donde la sabiduría china les adivinará la suerte o les propondrá un enigma o un refrán para enfrentar el futuro.

La camarera sonríe coqueta y dice que son *chinese cookies*.

El mensaje que encuentra Alfreda Salas le hace ruborizarse y enciende las carcajadas de todos: "Boda a la vista".

Alfreda sale del paso con una sonrisa cautelosa, que se transforma en franca risotada cuando consigue la aprobación de su marido con la siguiente frase:

"No creo que tropiece dos veces en la misma piedra".

Superado este incidente, el pequeño Daniel toma su mensaje y se aboca a su propia rueda de la fortuna: "Serás un empresario".

No conoce bien el significado de "empresario". Le pregunta a la señora Villegas, quien lo ilustra diciéndole que será una persona con muchísima imaginación y capacidad comercial, y le augura que amasará (sonríe ante la oportunidad involuntaria de este verbo) una fortuna.

Al abandonar el local, Daniel recoge los papelitos chinos que han quedado sobre el mantel y los hunde en el fondo de un bolsillo.

Una vez en casa, los estudia y piensa sobre su contenido: "Juega lotería terminación 5", "Más vale ser agua que cántaro", "Ríe y llora al mismo tiempo", "La nube es rápida, pero más veloz es el viento".

A las cinco de la mañana ha de levantarse para amasar el pan dominical. Se duerme con la sonrisa del Buda en los párpados y la imagen de la cabeza de Cristo cayendo sobre el pecho en la cruz que cuelga sobre la pared.

A las diez de la mañana debuto yo como personaje secundario de este cuento en "La Mariposa Blanca". Aparezco debido a la denuncia de una vecina que ha encontrado enigmáticos papeluchos terroristas en el momento que abría su marraqueta para untarla con mantequilla.

Ha llamado a mi teléfono móvil de emergencias, y yo debo presentarme, pues podríamos encontrarnos frente a una infracción que condujera a la clausura temporal del establecimiento.

Oídas todas las razones de la vecina afectada, y los descargos de la familia Collihuinca, a quienes apoyan el señor Flores y la cajera Villegas, determino, en mi calidad de Fiscal Sanitario del barrio, que no se ha violado ninguna regla de higiene, pues el producto que la vecina ha adquirido no ha sido una marraqueta propiamente dicha, sino una variante nueva del arte de la repostería que se llama *chilean cookies*.

—Además —agrega el joven empresario
Daniel Collihuinca Salas—, leí en Internet
que los mapuches venimos de China.